Libro mágico c

Adéntrate en el mundo místico y
espiritual con este enigmático Libro
Mágico que responde a todas tus
inquietudes y preguntas.
Esta guía te acompañará en tu camino
hacia el despertar espiritual,
permitiéndote conectar con tu intuición
y encontrar las respuestas que anhelas.
Susurra tu pregunta en voz baja y
dedica unos momentos a reflexionar,
mientras colocas tu mano sobre el libro.
Navega por sus páginas sin mirar,
durante unos segundos, y permite que
tu instinto te guíe hacia la respuesta
que se revela ante ti.
Como en todas las artes adivinatorias,
este libro requiere dedicación, práctica y
contemplación.

dentro tienes todos los recursos

que necesitas

El viento del cambio sopla en tu dirección; déjate guiar por sus corrientes.

# estás listo/preparada

La luz de la sabiduría te guiará a través de las sombras de la incertidumbre.

eres mejor/mejor de lo que crees

ahora es el momento de
perdonar, si lo haces, los
beneficios serán grandes

antes de actuar sobre esto que
pediste, intenta averiguar si
serás feliz con ello

# intenta quererte más

absolutamente sí si realmente lo quieres

# la situación mejorará

# acepta el cambio y serás feliz

las estrellas están hechas para
brillar, pero las rodea la
oscuridad, reflexiona sobre ello

si aprendes a ser paciente, las
situaciones mejorarán

las respuestas sólo llegarán si les
das la bienvenida

La clave del éxito está escondida
en tus manos; busca dentro de ti.

Las semillas de amor que has
plantado florecerán en un jardín
de Felicidad.

Las estrellas danzan en el cielo, mostrándote el camino de tu destino.

un mundo mejor empieza por lo
que llevas dentro

Tu espíritu es como un fuego ardiente; aliméntalo con pasión y dedicación.

mirar el panorama general y no
sólo las pequeñas cosas

pronto llegará una señal y te
quedarás con el corazón caliente
y los ojos llenos de alegría

aprende a esperar a que llegue tu hora

# no es el momento

la respuesta está en tu interior

observa con atención

¿qué quieres realmente?
pregúntate

ha llegado el momento

si aceptas lo que te viene, la vida
será más ligera

el amor se oculta a los ojos de los
que no aman

# está preparado / preparada para el cambio

para ver un milagro en tu vida
primero debes crearlo en tu
corazón

# suelta

recuerda que primero está la
libertad

# sigue tu intuición

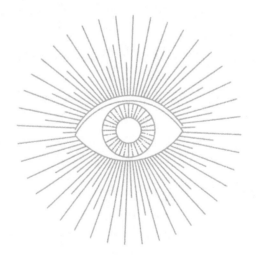

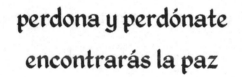

perdona y perdónate
encontrarás la paz

este es el momento de agradecer

y no de pedir

vuelva mañana con su solicitud

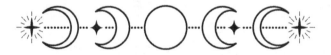

si eres agradecido la respuesta
llegará

Las tranquilas aguas de la paciencia te conducirán a la orilla de la realización de tus sueños.

Para encontrar la paz interior,
debes soltar el pasado y
enfocarte en el presente.

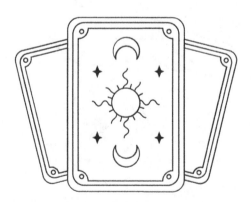

Confía en tu intuición, ella es tu guía interna hacia la sabiduría.

La paciencia es una virtud que te permitirá aceptar y abrazar el flujo de la vida.

El amor propio es la base para establecer relaciones sanas y equilibradas con los demás.

este no es el momento adecuado

mucho cuidado con lo que pase
en los próximos días

esta respuesta esta dentro de ti

solo se necesita coraje

Por supuesto que sí.

# nada es imposible

observa atentamente y
comprenderás

depende de ti pensar en ello,
puedes cambiar los
acontecimientos

Si buscas el equilibrio entre cuerpo, mente y espíritu, encontrarás la armonía en tu vida.

Si buscas el equilibrio entre cuerpo, mente y espíritu, encontrarás la armonía en tu vida.

en tus meditaciones encontrarás
las respuestas que buscas

Aprende a perdonar a quienes te han herido, así podrás sanar y avanzar en tu camino.

La gratitud es una poderosa
herramienta para transformar
tu perspectiva y atraer
abundancia.

# tener confianza

mantén los ojos abiertos una
sorpresa está en camino

La montaña que debes escalar te enseñará la fuerza y la resistencia que necesitas para afrontar los retos.

abre los ojos a la vida la
respuesta esta delante de ti

sólo tienes que creerlo

La humildad te permitirá
aprender de los demás y crecer
como individuo.

# Tener razón no te hará feliz

Tu valor es como un faro en la oscuridad, que guía a los demás hacia la luz.

acoger lo nuevo y hacerle sitio

suelta el resentimiento y
encontrarás respuestas lúcidas
en tu interior

Las nubes de la preocupación se disiparán, dejando paso al sol de la esperanza.

Tu alma es una gema preciosa;
cuidala y protégela como un
tesoro de valor incalculable.

Los ojos de la verdad te ayudarán a ver más allá de las apariencias y a descubrir las verdaderas intenciones de las personas.

Tu corazón es una fuente
inagotable de amor; compártelo
con los necesitados.

La luna llena ilumina tu camino,
revelando oportunidades
ocultas.

Las alas de la libertad te
elevarán por encima de las
dificultades, llevándote a nuevos
horizontes.

# siga sus instintos

No temas a los cambios, pues
ellos te llevan hacia el
crecimiento y la evolución
personal.

Tu felicidad no depende de factores externos, sino de cómo interpretas y manejas tus experiencias.

La meditación te ayudará a conectar con tu ser interior y a encontrar la calma en medio del caos.

Aprende a decir "no" cuando sea
necesario, estableciendo límites
saludables es fundamental para
tu bienestar.

La empatía te permitirá
comprender y conectar con los
demás de manera más profunda.

la vida no tiene sentido, la vida
nos da sentido si sabemos
escucharla, escuchar la vida

No te compares con otros, cada
persona tiene su propio camino y
ritmo de crecimiento.

El miedo es una emoción natural,
pero no permitas que te limite o
te paralice.

haz un gesto de gratitud y la
respuesta que buscas llegará

# actuar con valentía

sucederá por tu propio bien

nunca lo dudes

# no es el momento

La generosidad es una forma de
conectar con los demás y
fortalecer lazos emocionales.

Aprende a apreciar las pequeñas cosas de la vida, pues ellas son las que conforman la felicidad.

Mantén la mente abierta y dispuesta a aprender, pues el conocimiento es la clave para el crecimiento.

La creatividad es un don que te
permitirá explorar y manifestar
tu verdadero ser.

Aceptar tus emociones, tanto las agradables como las desagradables, es fundamental para tu equilibrio emocional.

La naturaleza es una fuente de sabiduría y paz, aprende a conectar con ella y disfrutar de sus enseñanzas.

# siempre hay una razón

Quítate las cargas que llevas
sobre los hombros y en el
corazón

No te aflijas por lo que no puedes controlar, enfócate en lo que sí está en tus manos.

Ama y respeta a los demás, pero recuerda que también debes amarte y respetarte a ti mismo.

un día recordarás todo esto y
sonreirás

Las raíces de la sabiduría crecen
profundas; nútrelas con
experiencia y conocimiento.

Tu viaje interior te llevará a
descubrir nuevos tesoros ocultos
en tu interior.

Tu energía es un don precioso;
utilízala con sabiduría y
conciencia.

El pasado es una lección, el
presente es un regalo y el futuro
es un misterio por desvelar.

Tu intuición es una brújula que te
guía en la dirección correcta.

no importa lo que él y ella
piensen, ella busca tu felicidad

preguntate qué quieres
realmente antes de actuar

Ama antes de juzgar Cualquier
respuesta llegará

¿Estás seguro de lo que pides?
Reformula la pregunta y vuelve
a abrir el libro

# Los milagros ocurren pero no exageres

Eres una persona maravillosa
Ahora es el momento de ser
consciente de ello

# No es el momento adecuado

Busca una señal y obtendrás la respuesta

La abeja sabe que para coger el
néctar de la siguiente flor debe
dejar la que le sirve de alimento
Piensa en ello

Cuando un vestido te aprieta y te queda demasiado holgado es el momento de comprarte otro si insistes en ponértelo te sentirás incómoda

# Escucha los consejos de un amigo íntimo

# Tómate tu tiempo

# No pidas lo que no te hace feliz

Escucha la voz de la inspiración
que puedes oír cuando estás en
paz

# Tu intuición ya te ha dado la respuesta correcta

Es inútil pedir lo que no tenemos
si no estamos agradecidos por lo
que tenemos

Antes de hacerte esta pregunta
Intenta mirarlo todo desde
arriba Intenta ver el Gran
Cuadro del que esta pregunta es
una pequeña parte

Somos pies buscando zapatos
hasta que entendemos Lo bueno
que es caminar Descalzo en la
hierba la libertad es un regalo

Tal vez sea tu paz tu serenidad lo
que realmente buscas

# En los próximos meses

# Cambia tu punto de vista

# Ha llegado el momento de mirar hacia delante

Para encontrar la respuesta
amplía tu mirada

# Todo saldrá bien

Recuerda que el mundo ofrece
mil posibilidades no hay sólo una

# No seas terco obstinado

Mira más allá Hay una
perspectiva mayor desde la que
ver las cosas

# Presta atención a tus sueños

Añade un poco de pimienta La
monotonía entristece tu vida

# Céntrate en el momento presente

# No basta con entender Hay que actuar

Lo que siembres hoy lo recogerás
con el tiempo No dejes de
sembrar tus semillas

# Pide ayuda a alguien de confianza

# Las preocupaciones suelen ser inútiles

Una bonita sonrisa te dará la
respuesta

# Mejora

# Mira a tu alrededor

# No olvides a los que están cerca de ti

Nada muere Todo se transforma

No tengas miedo

Acepta el cambio Es la única
forma de recibir nuevos regalos

No eres la persona que eras hace
un rato ni la que serás mañana

Ten el valor de olvidar lo que no
te lleva a la felicidad

Alguna vez te has parado a
observar el vuelo de una
mariposa Esa ligereza puede
darte la respuesta

Te quiero Lo siento Por favor,
perdóname Gracias Repite esta
frase Hasta que la respuesta te
quede clara

# Tristemente no

Si agradecido por lo que te pasa
un día entenderás

# Un corazón cansado no te traerá serenidad

Esta respuesta vendrá
escuchando tanto al corazón
como a la mente intenta meditar

# Hay otras opciones

Recoge un recuerdo que verás
cuando cierres los ojos

# La perfección no existe

La vida es un viaje para
aprender a levantarse bajo la
lluvia

antento a sus formas de
pensamiento

La perseverancia es la llave que
abre la puerta del éxito.

El amor es una energía universal
que todo lo transforma y
regenera.

Tu fuerza interior es la roca
sobre la que construir tu futuro.

Tu coraje es una luz que disipa la oscuridad del miedo.

Tu vida es una obra de arte en
construcción;
píntala con los colores de la
pasión y la alegría.

Tu alma es un jardín donde
florecen sueños y

La empatía es el puente que te permite entrar en el corazón de los demás.

El tiempo es un río imparable;
aprovecha la oportunidad para
navegar hacia nuevos destinos.

La gratitud es una melodía que
alegra el alma y atrae
bendiciones.

Tu creatividad es una fuente
inagotable de ideas e inspiración.

puedes hacerlo tienes los
recursos

# es un engaño observado

ten cuidado con algunas
personas que te dan consejos, no
siempre son transparentes

escriba en un diario lo que le
gustaría que ocurriera con
respecto a esta pregunta y léalo
de nuevo durante un mes todas
las noches

# ciertamente

# en aproximadamente un mes

# no, más adelante

inténtelo de nuevo dentro de un
mes en esta pregunta

espera a la próxima fase lunar y
lo verás pasar

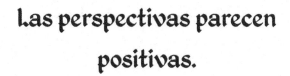

Las perspectivas parecen
positivas.

Es muy probable.

Puede ser complicado, pero no imposible.

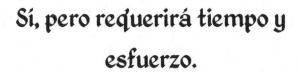

Sí, pero requerirá tiempo y
esfuerzo.

# Desgraciadamente, no.

Prepárate para algunos
obstáculos, pero al final tendrás
éxito.

# Tu intuición es correcta, síguela.

Intenta encontrar un equilibrio entre tus necesidades y las de los demás.

No te rindas, las cosas
mejorarán.

Puede recibir una sorpresa
inesperada.

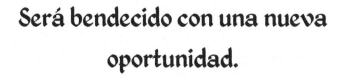

Será bendecido con una nueva
oportunidad.

Tenga cuidado con sus actos,
pueden tener consecuencias
imprevistas.

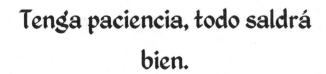

Tenga paciencia, todo saldrá
bien.

# Sigue tu pasión y no mires atrás.

No subestimes el poder de tus
instintos.

Serás recompensado por tu duro trabajo.

No espere una respuesta
inmediata, pero mantenga la
confianza.

No dejes que las opiniones de los
demás influyan en tus
decisiones.

Busca la armonía entre mente,
cuerpo y espíritu.

Preste atención a las personas
que conoce, pueden desempeñar
un papel importante en su vida.

Concéntrese en sus intenciones y
visualice el resultado deseado.

No permita que los miedos le frenen, enfréntese a ellos con valentía.

Siga sus pasiones y no se preocupe por lo que piensen los demás.

Recuerda que el futuro depende
de tus acciones presentes.

Sigue tus instintos y toma el camino menos transitado.

Te guiarán hacia un cambio
positivo.

Confía en el proceso y deja que todo se desarrolle de forma natural.

Te sorprenderá la fuerza interior
que descubrirás.

Made in the USA
Las Vegas, NV
05 December 2023

82178319R00115